TRANZLATY

Language is for everyone

زبان برای همه است

Aladdin and the Wonderful Lamp

علاءالدین و چراغ شگفت انگیز

Antoine Galland

آنتوان گالاند

English / فارسی

Copyright © 2025 Tranzlaty
All rights reserved
Published by Tranzlaty
ISBN: 978-1-83566-929-7
Original text by Antoine Galland
From *"Les mille et une nuits"*
First published in French in 1704
Taken from The Blue Fairy Book
Collected and translated by Andrew Lang
www.tranzlaty.com

Once upon a time there lived a poor tailor
روزی روزگاری خیاط فقیری زندگی می کرد
this poor tailor had a son called Aladdin
این خیاط بیچاره پسری داشت به نام علاءالدین
Aladdin was a careless, idle boy who did nothing
علاءالدین پسری بی خیال و بیکار بود که هیچ کاری نمی کرد
although, he did like to play ball all day long
اگرچه، او دوست داشت تمام روز با توپ بازی کند
this he did in the streets with other little idle boys
این کار را او در خیابان ها با دیگر پسرهای کوچک بیکار انجام داد
This so grieved the father that he died
این امر پدر را چنان اندوهگین کرد که درگذشت
his mother cried and prayed, but nothing helped
مادرش گریه کرد و دعا کرد، اما هیچ چیز کمکی نکرد
despite her pleading, Aladdin did not mend his ways
علاءالدین علیرغم التماس او، راه خود را اصلاح نکرد
One day, Aladdin was playing in the streets, as usual
یک روز علاءالدین طبق معمول در خیابان ها بازی می کرد
a stranger asked him his age
غریبه ای سنش را پرسید
and he asked him, "are you not the son of Mustapha the tailor?"
و از او پرسید: آیا تو پسر مصطفی خیاط نیستی؟
"I am the son of Mustapha, sir," replied Aladdin
علاءالدین پاسخ داد: آقا من پسر مصطفی هستم
"but he died a long time ago"
"اما او خیلی وقت پیش مرد"
the stranger was a famous African magician
غریبه یک شعبده باز معروف آفریقایی بود
and he fell on his neck and kissed him
و بر گردنش افتاد و او را بوسید
"I am your uncle," said the magician
شعبده باز گفت: من عموی تو هستم
"I knew you from your likeness to my brother"
من تو را از شباهت به برادرم شناختم
"Go to your mother and tell her I am coming"

برو پیش مادرت و به او بگو من می آیم .

Aladdin ran home and told his mother of his newly found uncle

علاءالدین به خانه دوید و عموی تازه پیدا شده اش را به مادرش گفت

"Indeed, child," she said, "your father had a brother"

او گفت" :در واقع فرزند، پدرت یک برادر داشت ".

"but I always thought he was dead"

"اما من همیشه فکر می کردم او مرده است "

However, she prepared supper for the visitor

با این حال، او شام را برای بازدیدکننده آماده کرد

and she bade Aladdin to seek his uncle

و او از علاءالدین خواست که به دنبال عمویش بگردد

Aladdin's uncle came laden with wine and fruit

عموی علاءالدین با شراب و میوه آمد

He fell down and kissed the place where Mustapha used to sit

به زمین افتاد و محل نشستن مصطفی را بوسید

and he bid Aladdin's mother not to be surprised

و به مادر علاءالدین دستور داد که تعجب نکند

he explained he had been out of the country for forty years

او توضیح داد که چهل سال از کشور خارج شده است

He then turned to Aladdin and asked him his trade

سپس رو به علاءالدین کرد و تجارت خود را از او پرسید

but the boy hung his head in shame

اما پسر از شرم سرش را پایین انداخت

and his mother burst into tears

و مادرش به گریه افتاد

so Aladdin's uncle offered to provide food

بنابراین عموی علاءالدین به او پیشنهاد داد که غذا بدهد

The next day he bought Aladdin a fine set of clothes

روز بعد او یک دست لباس خوب برای علاءالدین خرید

and he took him all over the city

و او را در تمام شهر برد

he showed him the sights of the city

مناظر شهر را به او نشان داد

at nightfall he brought him home to his mother

شب هنگام او را به خانه نزد مادرش آورد

his mother was overjoyed to see her son so well dressed

مادرش از دیدن پسرش که آنقدر خوب لباس پوشیده بود بسیار خوشحال شد

The next day the magician led Aladdin into some beautiful gardens

روز بعد شعبده باز علاءالدین را به باغ های زیبا برد

this was a long way outside the city gates

این یک راه طولانی خارج از دروازه های شهر بود

They sat down by a fountain

کنار چشمه ای نشستند

and the magician pulled a cake from his girdle

و شعبده باز یک کیک از کمربندش بیرون کشید

he divided the cake between the two of them

کیک را بین آن دو تقسیم کرد

Then they journeyed onward till they almost reached the mountains

سپس به جلو رفتند تا نزدیک به کوهها رسیدند

Aladdin was so tired that he begged to go back

علاءالدین آنقدر خسته بود که التماس کرد که برگردد

but the magician beguiled him with pleasant stories

اما جادوگر او را با داستان های دلپذیر فریفت

and he led him on in spite of his laziness

و با وجود تنبلی او را به پیش برد

At last they came to two mountains

بالاخره به دو کوه رسیدند

the two mountains were divided by a narrow valley

دو کوه توسط دره ای باریک تقسیم می شد

"We will go no farther," said the false uncle

عموی دروغین گفت :ما جلوتر نمی رویم

"I will show you something wonderful"

"من چیز فوق العاده ای به شما نشان خواهم داد "

"gather up sticks, while I kindle a fire"

"عصا جمع کن، در حالی که من آتشی افروخته ام "

When the fire was lit the magician threw a powder on it

وقتی آتش روشن شد، جادوگر پودری روی آن انداخت

and he said some magical words
و چند کلمه جادویی گفت
The earth trembled a little and opened in front of them
زمین کمی لرزید و در مقابل آنها باز شد
a square flat stone revealed itself
یک سنگ مسطح مربع خود را نشان داد
and in the middle of the stone was a brass ring
و در وسط سنگ یک انگشتر برنجی بود
Aladdin tried to run away
علاءالدین سعی کرد فرار کند
but the magician caught him
اما شعبده باز او را گرفت
and gave him a blow that knocked him down
و ضربه ای به او زد که او را زمین گیر کرد
"What have I done, uncle?" he said, piteously
"چیکار کردم عمو؟ "او گفت، با تاسف
the magician said more kindly, "Fear nothing, but obey me"
جادوگر با مهربانی بیشتری گفت: از هیچ چیز نترس، اما از من اطاعت کن.
"Beneath this stone lies a treasure which is to be yours"
"زیر این سنگ گنجی نهفته است که باید مال تو باشد "
"and no one else may touch this treasure"
"و هیچ کس دیگری نمی تواند این گنج را لمس کند "
"so you must do exactly as I tell you"
"پس باید دقیقاً همانطور که به شما می گویم عمل کنید "
At the mention of treasure Aladdin forgot his fears
علاءالدین با ذکر گنج ترس خود را فراموش کرد
he grasped the ring as he was told
همانطور که به او گفته شد حلقه را گرفت
and he said the names of his father and grandfather
و نام پدر و جدش را گفت
The stone came up quite easily
سنگ به راحتی بالا آمد
and some steps appeared in front of them
و چند پله در مقابلشان ظاهر شد
"Go down," said the magician

شعبده باز گفت: برو پایین

"at the foot of those steps you will find an open door"

"در پای آن پله ها دری باز خواهی یافت "

"the door leads into three large halls"

"در به سه سالن بزرگ منتهی می شود "

"Tuck up your gown and go through the halls"

"لباست را بپوش و از سالن ها عبور کن "

"make sure not to touch anything"

"مطمئن شوید که به چیزی دست نزنید "

"if you touch anything, you will instantly die"

"اگر چیزی را لمس کنی، فوراً می میری "

"These halls lead into a garden of fine fruit trees"

"این تالارها به باغی از درختان میوه خوب منتهی می شود "

"Walk on until you reach a gap in the terrace"

"تا به شکافی در تراس برسید راه بروید "

"there you will see a lighted lamp"

"در آنجا چراغی روشن خواهی دید "

"Pour out the oil of the lamp"

»روغن چراغ را بیرون بریز «

"and then bring me the lamp"

"و سپس چراغ را برای من بیاور "

He drew a ring from his finger and gave it to Aladdin

انگشتری از انگشتش بیرون کشید و به علاءالدین داد

and he bid him to prosper

و او را به سعادت دعوت کرد

Aladdin found everything as the magician had said

علاءالدین همه چیز را همانطور که شعبده باز گفته بود پیدا کرد

he gathered some fruit off the trees

از درختان میوه جمع کرد

and, having got the lamp, he arrived at the mouth of the cave

و چراغ را به دست آورد و به دهانه غار رسید

The magician cried out in a great hurry

شعبده باز با عجله فریاد زد

"Make haste and give me the lamp"

"عجله کن و چراغ را به من بده "

Aladdin refused to do this until he was out of the cave

علاءالدین تا زمانی که از غار بیرون نیامد از انجام این کار خودداری کرد

The magician flew into a terrible rage

جادوگر با خشم وحشتناکی پرواز کرد

he threw some more powder on to the fire

مقداری پودر دیگر روی آتش انداخت

and then he cast another magic spell

و سپس یک طلسم جادویی دیگر انجام داد

and the stone rolled back into its place

و سنگ به جای خود غلتید

The magician left Persia for ever

جادوگر برای همیشه ایران را ترک کرد

this plainly showed that he was no uncle of Aladdin's

این به وضوح نشان می داد که او عموی علاءالدین نیست

what he really was was a cunning magician

آنچه او واقعاً بود یک شعبده باز حیله گر بود

a magician who had read of a magic lamp

جادوگری که در مورد چراغ جادو خوانده بود

a magic lamp which would make him the most powerful man in the world

چراغ جادویی که او را به قدرتمندترین مرد جهان تبدیل می کند

but he alone knew where to find the magic lamp

اما او به تنهایی می دانست که چراغ جادو را کجا پیدا کند

and he could only receive the magic lamp from the hand of another

و او فقط می توانست چراغ جادو را از دست دیگری دریافت کند

He had picked out the foolish Aladdin for this purpose

او علاءالدین احمق را برای این منظور انتخاب کرده بود

he had intended to get the magical lamp and kill him afterwards

او قصد داشت چراغ جادویی را بگیرد و پس از آن او را بکشد

For two days Aladdin remained in the dark

علاءالدین دو روز در تاریکی ماند

he cried and lamented his situation

او گریه کرد و از وضعیت خود ناله کرد

At last he clasped his hands in prayer

سرانجام دستانش را به نماز قلاب کرد
and in so doing he rubbed the ring
و با این کار حلقه را مالید
the magician had forgotten to take the ring back from him
جادوگر فراموش کرده بود که حلقه را از او پس بگیرد
Immediately an enormous and frightful genie rose out of the earth
بلافاصله یک جن عظیم و ترسناک از زمین برخاست
"What would thou have me do?"
"از من می خواهید چه کار کنم؟ "
"I am the Slave of the Ring"
"من برده حلقه هستم "
"and I will obey thee in all things"
"و من در همه چیز از تو اطاعت خواهم کرد "
Aladdin fearlessly replied: "Deliver me from this place!"
علاءالدین بی باک پاسخ داد :مرا از این مکان رها کن !
and the earth opened above him
و زمین بالای سرش گشوده شد
and he found himself outside
و خودش را بیرون دید
As soon as his eyes could bear the light he went home
به محض اینکه چشمانش توانست نور را تحمل کند به خانه رفت
but he fainted when he got there
اما وقتی به آنجا رسید بیهوش شد
When he came to himself he told his mother what had happened
وقتی به خودش آمد به مادرش گفت که چه اتفاقی افتاده است
and he showed her the lamp
و چراغ را به او نشان داد
and he showed her the fruits he had gathered in the garden
و میوه هایی را که در باغ جمع کرده بود به او نشان داد
the fruits were, in reality, precious stones
میوه ها در واقع سنگ های قیمتی بودند
He then asked for some food
سپس مقداری غذا خواست
"Alas! child," she said

او گفت" :افسوس إفرزند ".
"I have no food in the house"
"من در خانه غذا ندارم "
"but I have spun a little cotton"
"اما من کمی پنبه ریسیدم "
"and I will go and sell the cotton"
"و من می روم و پنبه را می فروشم "
Aladdin bade her keep her cotton
علاءالدین از او خواست که پنبه اش را نگه دارد
he told her he would sell the magic lamp instead of the cotton
او به او گفت که به جای پنبه، چراغ جادو را خواهد فروخت
As it was very dirty she began to rub the magic lamp
چون خیلی کثیف بود شروع به مالیدن چراغ جادو کرد
a clean magic lamp might fetch a higher price
یک لامپ جادویی تمیز ممکن است قیمت بالاتری داشته باشد
Instantly a hideous genie appeared
بلافاصله یک جن وحشتناک ظاهر شد
he asked what she would like to have
از او پرسید که دوست دارد چه چیزی داشته باشد
at the sight of the genie she fainted
با دیدن جن بیهوش شد
but Aladdin, snatching the magic lamp, said boldly:
اما علاءالدین با قاپیدن چراغ جادو با جسارت گفت :
"Fetch me something to eat!"
"برای من چیزی بیاور تا بخورم "!
The genie returned with a silver bowl
جن با کاسه ای نقره ای برگشت
he had twelve silver plates containing rich meats
او دوازده بشقاب نقره ای حاوی گوشت های غنی داشت
and he had two silver cups and two bottles of wine
و دو جام نقره و دو بطری شراب داشت
Aladdin's mother, when she came to herself, said:
مادر علاءالدین وقتی به خود آمد گفت :
"Whence comes this splendid feast?"
"این جشن باشکوه از کجا می آید؟ "

"Ask not where this food came from, but eat, mother," replied Aladdin

علاءالدین پاسخ داد: «نپرس این غذا از کجا آمده، بلکه بخور، مادر.»

So they sat at breakfast till it was dinner-time

بنابراین آنها سر صبحانه نشستند تا وقت شام رسید

and Aladdin told his mother about the magic lamp

و علاءالدین در مورد چراغ جادو به مادرش گفت

She begged him to sell the magic lamp

از او التماس کرد که چراغ جادو را بفروشد

"let us have nothing to do with devils"

"با شیاطین کاری نداشته باشیم"

but Aladdin had thought it would be wiser to use the magic lamp

اما علاءالدین فکر کرده بود استفاده از چراغ جادو عاقلانه تر است

"chance hath made us aware of the magic lamp's virtues"

"شانس ما را از فضایل چراغ جادو آگاه کرده است"

"we will use the magic lamp, and we will use the ring"

"ما از چراغ جادو استفاده خواهیم کرد و از حلقه استفاده خواهیم کرد"

"I shall always wear the ring on my finger"

"من همیشه حلقه را روی انگشتم خواهم گذاشت"

When they had eaten all the genie had brought, Aladdin sold one of the silver plates

وقتی همه جن را خوردند، علاءالدین یکی از بشقاب های نقره را فروخت

and when he needed money again he sold the next plate

و وقتی دوباره به پول نیاز داشت بشقاب بعدی را فروخت

he did this until no plates were left

او این کار را تا جایی انجام داد که هیچ بشقاب باقی نماند

He then made another wish to the genie

سپس آرزوی دیگری برای جن کرد

and the genie gave him another set of plates

و جن یک سری بشقاب دیگر به او داد

and in this way they lived for many years

و سالها در این راه زندگی کردند

One day Aladdin heard an order from the Sultan

روزی علاءالدین دستوری از سلطان شنید

everyone was to stay at home and close their shutters

همه باید در خانه بمانند و کرکره خود را ببندند
the Princess was going to and from her bath
پرنسس داشت به حمامش می رفت و برمی گشت
Aladdin was seized by a desire to see her face
علاءالدین با اشتیاق به دیدن چهره او دچار شد
although it was very difficult to see her face
اگرچه دیدن چهره او بسیار دشوار بود
because everywhere she went she wore a veil
چون هر جا می رفت چادر می پوشید
He hid himself behind the door of the bath
خودش را پشت در حمام پنهان کرد
and he peeped through a chink in the door
و از دریچه ای در را نگاه کرد
The Princess lifted her veil as she went in to the bath
پرنسس هنگام رفتن به حمام نقاب خود را برداشت
and she looked so beautiful that Aladdin instantly fell in love with her
و آنقدر زیبا به نظر می رسید که علاءالدین فوراً عاشق او شد
He went home so changed that his mother was frightened
آنقدر متحول به خانه رفت که مادرش ترسیده بود
He told her he loved the Princess so deeply that he could not live without her
او به او گفت که شاهزاده خانم را آنقدر دوست دارد که نمی تواند بدون او زندگی کند
and he wanted to ask her in marriage of her father
و خواست از پدرش خواستگاری کند
His mother, on hearing this, burst out laughing
مادرش با شنیدن این حرف از خنده منفجر شد
but Aladdin finally convinced her to go to the Sultan
اما علاءالدین سرانجام او را متقاعد کرد که نزد سلطان برود
and she was going to carry his request
و او قصد داشت درخواست او را انجام دهد
She fetched a napkin and laid in it the magic fruits
دستمالی آورد و میوه جادویی را در آن گذاشت
the magic fruits from the enchanted garden
میوه های جادویی از باغ مسحور

the fruits sparkled and shone like the most beautiful jewels
میوه ها می درخشیدند و مانند زیباترین جواهرات می درخشیدند
She took the magic fruits with her to please the Sultan
او میوه های جادویی را با خود برد تا سلطان را راضی کند
and she set out, trusting in the lamp
و او با اعتماد به چراغ به راه افتاد
The Grand Vizier and the lords of council had just gone into the palace
وزیر اعظم و اربابان شورا به تازگی به قصر رفته بودند
and she placed herself in front of the Sultan
و خود را در مقابل سلطان قرار داد
He, however, took no notice of her
اما او هیچ توجهی به او نکرد
She went every day for a week
یک هفته هر روز می رفت
and she stood in the same place
و او در همان مکان ایستاد
When the council broke up on the sixth day the Sultan said to his Vizier:
هنگامی که مجلس در روز ششم منحل شد، سلطان به وزیر خود گفت :
"I see a certain woman in the audience-chamber every day"
"من هر روز یک زن خاص را در سالن تماشا می بینم "
"she is always carrying something in a napkin"
"او همیشه چیزی در دستمال دارد "
"Call her to come to us, next time"
"بهش زنگ بزن تا دفعه بعد بیاد پیشمون "
"so that I may find out what she wants"
"تا من بفهمم او چه می خواهد "
Next day the Vizier gave her a sign
روز بعد وزیر نشانه ای به او داد
she went up to the foot of the throne
او تا پای تخت رفت
and she remained kneeling till the Sultan spoke to her
و او زانو زده بود تا اینکه سلطان با او صحبت کرد
"Rise, good woman, tell me what you want"
"برخیز، زن خوب، به من بگو چه می خواهی "
She hesitated, so the Sultan sent away all but the Vizier

او تردید کرد، بنابراین سلطان همه را به جز وزیر فرستاد
and he bade her to speak frankly
و از او خواست که صریح صحبت کند
and he promised to forgive her for anything she might say
و او قول داد که او را برای هر چیزی که ممکن است بگوید ببخشد
She then told him of her son's great love for the Princess
سپس او از عشق بزرگ پسرش به شاهزاده خانم به او گفت
"I prayed for him to forget her," she said
او گفت: "من برای او دعا کردم که او را فراموش کند".
"but my prayers were in vain"
"اما دعاهای من بی فایده بود"
"he threatened to do some desperate deed if I refused to go"
او تهدید کرد که اگر من از رفتن امتناع کنم، عمل ناامیدانه ای انجام خواهد داد.
"and so I ask your Majesty for the hand of the Princess"
"و بنابراین من از اعلیحضرت دست شاهزاده خانم را می خواهم"
"but now I pray you to forgive me"
"اما اکنون از شما می خواهم که مرا ببخشید"
"and I pray that you forgive my son Aladdin"
"و من دعا می کنم که پسرم علاءالدین را ببخشی"
The Sultan asked her kindly what she had in the napkin
سلطان با مهربانی از او پرسید که چه چیزی در دستمال دارد؟
so she unfolded the napkin
بنابراین او دستمال را باز کرد
and she presented the jewels to the Sultan
و جواهرات را به سلطان تقدیم کرد
He was thunderstruck by the beauty of the jewels
او از زیبایی جواهرات غافلگیر شد
and he turned to the Vizier and asked, "What sayest thou?"
و رو به وزیر کرد و پرسید: چه می گویی؟
"Ought I not to bestow the Princess on one who values her at such a price?"
"آیا نباید شاهزاده خانم را به کسی که او را به این قیمت برایش ارزش قائل است اهدا کنم؟"
The Vizier wanted her for his own son
وزیر او را برای پسرش می‌خواست

so he begged the Sultan to withhold her for three months

پس از سلطان التماس کرد که او را سه ماه دریغ کند

perhaps within the time his son would contrive to make a richer present

شاید در مدت زمانی که پسرش می‌خواهد هدیه‌ای غنی‌تر بسازد

The Sultan granted the wish of his Vizier

سلطان آرزوی وزیرش را برآورد

and he told Aladdin's mother that he consented to the marriage

و به مادر علاءالدین گفت که با این ازدواج موافقت کرده است

but she was not allowed appear before him again for three months

اما به مدت سه ماه دیگر اجازه حضور در مقابل او را نداشتند

Aladdin waited patiently for nearly three months

علاءالدین نزدیک به سه ماه صبورانه منتظر ماند

after two months had elapsed his mother went to go to the market

بعد از گذشت دو ماه مادرش برای رفتن به بازار رفت

she was going into the city to buy oil

او برای خرید نفت به شهر می رفت

when she got to the market she found every one rejoicing

وقتی به بازار رسید همه را در حال شادی دید

so she asked what was going on

بنابراین او پرسید که چه خبر است

"Do you not know?" was the answer

"نمیدونی؟ "جواب بود

"the son of the Grand Vizier is to marry the Sultan's daughter tonight"

پسر وزیر اعظم امشب با دختر سلطان ازدواج می کند .

Breathless, she ran and told Aladdin

بی نفس دوید و به علاءالدین گفت

at first Aladdin was overwhelmed

در ابتدا علاءالدین غرق شد

but then he thought of the magic lamp and rubbed it

اما بعد به چراغ جادو فکر کرد و آن را مالید

once again the genie appeared out of the lamp

یک بار دیگر جن از چراغ ظاهر شد

"What is thy will?" asked the genie
"ارادت چیست؟" جن پرسید
"The Sultan, as thou knowest, has broken his promise to me"
همان طور که می دانی سلطان عهد خود را با من زیر پا گذاشت .
"the Vizier's son is to have the Princess"
"پسر وزیر قرار است شاهزاده خانم را داشته باشد "
"My command is that tonight you bring the bride and bridegroom"
دستور من این است که امشب عروس و داماد را بیاورید .
"Master, I obey," said the genie
جن گفت: استاد، من اطاعت می کنم
Aladdin then went to his chamber
علاءالدین سپس به اتاق خود رفت
sure enough, at midnight the genie transported a bed
به اندازه کافی، نیمه شب جن یک تخت را حمل کرد
and the bed contained the Vizier's son and the Princess
و تخت شامل پسر وزیر و شاهزاده خانم بود
"Take this new-married man, genie," he said
گفت: این مرد تازه ازدواج کرده را بگیر جن
"put him outside in the cold for the night"
"او را شب در سرما بیرون بگذارید "
"then return the couple again at daybreak"
"سپس دوباره زوج را در سپیده دم برگردان "
So the genie took the Vizier's son out of bed
پس جن پسر وزیر را از رختخواب بیرون آورد
and he left Aladdin with the Princess
و علاءالدین را با شاهزاده خانم ترک کرد
"Fear nothing," Aladdin said to her, "you are my wife"
علاءالدین به او گفت": از هیچ چیز نترس، تو همسر من هستی ".
"you were promised to me by your unjust father"
تو را پدر ظالم به من وعده داده بود
"and no harm shall come to you"
"و هیچ آسیبی به شما نمی رسد "
The Princess was too frightened to speak
شاهزاده خانم خیلی ترسیده بود که نمی توانست صحبت کند
and she passed the most miserable night of her life

و بدبخت ترین شب عمرش را پشت سر گذاشت

although Aladdin lay down beside her and slept soundly

اگرچه علاءالدین در کنار او دراز کشید و آرام خوابید

At the appointed hour the genie fetched in the shivering bridegroom

در ساعت مقرر جن وارد داماد لرزان شد

he laid him in his place

او را به جای خود نشاند

and he transported the bed back to the palace

و تخت را به قصر برگرداند

Presently the Sultan came to wish his daughter good-morning

در حال حاضر سلطان آمد تا دخترش را صبح بخیر کند

The unhappy Vizier's son jumped up and hid himself

پسر وزیر ناراضی از جا پرید و خود را پنهان کرد

and the Princess would not say a word

و شاهزاده خانم هیچ کلمه ای نمی گفت

and she was very sorrowful

و او بسیار اندوهگین بود

The Sultan sent her mother to her

سلطان مادرش را نزد او فرستاد

"Why will you not speak to your father, child?"

"چرا فرزندت با پدرت صحبت نمی کنی؟ "

"What has happened?" she asked

"چه اتفاقی افتاده است؟ "او پرسید

The Princess sighed deeply

پرنسس آه عمیقی کشید

and at last she told her mother what had happened

و بالاخره به مادرش گفت که چه اتفاقی افتاده است

she told her how the bed had been carried into some strange house

او به او گفت که چگونه تخت را به خانه عجیبی برده اند

and she told of what had happened in the house

و او از آنچه در خانه اتفاق افتاده بود گفت

Her mother did not believe her in the least

مادرش اصلاً او را باور نمی کرد

and she bade her to consider it an idle dream

و از او خواست که آن را خوابی بیهوده بداند

The following night exactly the same thing happened

شب بعد دقیقاً همین اتفاق افتاد

and the next morning the princess wouldn't speak either

و صبح روز بعد شاهزاده خانم هم صحبت نکرد

on the Princess's refusal to speak, the Sultan threatened to cut off her head

به دلیل امتناع شاهزاده خانم از صحبت، سلطان تهدید کرد که سر او را خواهد برد

She then confessed all that had happened

او سپس تمام اتفاقات رخ داده را اعتراف کرد

and she bid him to ask the Vizier's son

و از او خواست تا از پسر وزیر بپرسد

The Sultan told the Vizier to ask his son

سلطان به وزیر گفت از پسرش بپرس

and the Vizier's son told the truth

و پسر وزیر حقیقت را گفت

he added that he dearly loved the Princess

او افزود که شاهزاده خانم را بسیار دوست دارد

"but I would rather die than go through another such fearful night"

"اما من ترجیح می دهم بمیرم تا اینکه شبی دیگر به این ترسناک را پشت سر بگذارم"

and he wished to be separated from her, which was granted

و خواست که از او جدا شود که اجابت شد

and then there was an end to the feasting and rejoicing

و سپس جشن و شادی پایان یافت

then the three months were over

سپس سه ماه تمام شد

Aladdin sent his mother to remind the Sultan of his promise

علاءالدین مادرش را فرستاد تا قول خود را به سلطان یادآوری کند

She stood in the same place as before

او در همان مکان قبلی ایستاد

the Sultan had forgotten Aladdin

سلطان علاءالدین را فراموش کرده بود

but at once he remembered him again

اما بلافاصله دوباره به یاد او افتاد
and he asked for her to come to him
و از او خواست که نزد او بیاید
On seeing her poverty the Sultan felt less inclined than ever to keep his word
سلطان با دیدن فقر او کمتر از همیشه تمایل داشت به قول خود عمل کند
and he asked his Vizier's advice
و از وزیرش مشورت خواست
he counselled him to set a high value on the Princess
او به او توصیه کرد که ارزش زیادی برای شاهزاده خانم قائل شود
a price so high that no man alive could come afford her
قیمتی به قدری بالا که هیچ مرد زنده ای قادر به خرید او نبود
The Sultan then turned to Aladdin's mother, saying:
سپس سلطان رو به مادر علاءالدین کرد و گفت :
"Good woman, a Sultan must remember his promises"
" زن خوب، یک سلطان باید وعده های خود را به خاطر بسپارد "
"and I will remember my promise"
" و من قول خود را به خاطر خواهم آورد "
"but your son must first send me forty basins of gold"
" اما پسرت باید ابتدا چهل ظرف طلا برای من بفرستد "
"and the gold basins must be full of jewels"
" و طشت های طلا باید پر از جواهرات باشد "
"and they must be carried by forty black camels"
و آنها را چهل شتر سیاه باید حمل کرد .
"and in front of each black camel there is to be a white camel"
« و در مقابل هر شتر سیاه یک شتر سفید باشد »
"and all the camels are to be splendidly dressed"
« و همه شترها باید زیبا بپوشند »
"Tell him that I await his answer"
" به او بگویید که منتظر پاسخ او هستم "
The mother of Aladdin bowed low
مادر علاءالدین خم شد
and then she went home
و سپس او به خانه رفت
although she thought all was lost

اگرچه او فکر می کرد همه چیز از دست رفته است

She gave Aladdin the message

او پیام را به علاءالدین داد

and she added, "He may wait long enough for your answer!"

و او افزود: "او ممکن است به اندازه کافی برای پاسخ شما صبر کند"!

"Not so long as you think, mother," her son replied

پسرش پاسخ داد: »آنقدر که تو فکر می کنی نه، مادر. «

"I would do a great deal more than that for the Princess"

"من خیلی بیشتر از این برای شاهزاده خانم انجام خواهم داد"

and he summoned the genie again

و دوباره جن را احضار کرد

and in a few moments the eighty camels arrived

و در چند لحظه هشتاد شتر رسیدند

and they took up all space in the small house and garden

و تمام فضای خانه و باغ کوچک را اشغال کردند

Aladdin made the camels set out to the palace

علاءالدین شترها را به سوی قصر به راه انداخت

and the camels were followed by his mother

و شتران را مادرش تعقیب کرد

The camels were very richly dressed

شترها لباس بسیار پرباری داشتند

and splendid jewels were on the girdles of the camels

و بر کمربند شتران جواهرات فاخر بود

and everyone crowded around to see the camels

و همه برای دیدن شتران در اطراف جمع شدند

and they saw the basins of gold the camels carried on their backs

و طشت های طلایی را دیدند که شترها بر پشت خود حمل می کردند

They entered the palace of the Sultan

وارد قصر سلطان شدند

and the camels kneeled before him in a semi circle

و شترها به صورت نیم دایره در برابر او زانو زدند

and Aladdin's mother presented the camels to the Sultan

و مادر علاءالدین شتران را به سلطان تقدیم کرد

He hesitated no longer, but said:

او دیگر تردید نکرد، اما گفت:

"Good woman, return to your son"
"زن خوب، پیش پسرت برگرد "
"tell him that I wait for him with open arms"
"به او بگو که من با آغوش باز منتظر او هستم "
She lost no time in telling Aladdin
او هیچ وقت برای گفتن علاءالدین از دست نداد
and she bid him to make haste
و او را به عجله دعوت کرد
But Aladdin first called for the genie
اما علاءالدین ابتدا جن را صدا کرد
"I want a scented bath," he said
او گفت :من یک حمام معطر می خواهم
"and I want a horse more beautiful than the Sultan's"
"و من اسبی زیباتر از سلطان می خواهم "
"and I want twenty servants to attend to me"
»و من می‌خواهم که بیست خدمتکار به من برسند «
"and I also want six beautifully dressed servants to wait on my mother"
"و من همچنین می خواهم شش خدمتکار با لباس زیبا منتظر مادرم باشند "
"and lastly, I want ten thousand pieces of gold in ten purses"
"و در آخر، من ده هزار قطعه طلا در ده کیف پول می خواهم "
No sooner had he said what he wanted and it was done
به زودی آنچه را که می خواست، نگفت و تمام شد
Aladdin mounted his beautiful horse
علاءالدین سوار اسب زیبایش شد
and he passed through the streets
و از خیابان ها عبور کرد
the servants cast gold into the crowd as they went
خادمان در حال رفتن به میان جمعیت طلا ریختند
Those who had played with him in his childhood knew him not
کسانی که در کودکی با او بازی کرده بودند او را نمی شناختند
he had grown very handsome
او خیلی خوش تیپ شده بود
When the Sultan saw him he came down from his throne

سلطان چون او را دید از تخت خود فرود آمد
he embraced his new son-in-law with open arms
او داماد جدیدش را با آغوش باز در آغوش گرفت
and he led him into a hall where a feast was spread
و او را به سالنی برد که در آن جشنی برپا شده بود
he intended to marry him to the Princess that very day
او در همان روز قصد داشت او را با شاهزاده خانم ازدواج کند
But Aladdin refused to marry straight away
اما علاءالدین بلافاصله حاضر به ازدواج نشد
"first I must build a palace fit for the princess"
"اول باید قصری برای شاهزاده خانم بسازم "
and then he took his leave
و سپس مرخصی گرفت
Once home, he said to the genie:
وقتی به خانه رفت، به جن گفت:
"Build me a palace of the finest marble"
"برای من قصری از بهترین سنگ مرمر بساز"
"set the palace with jasper, agate, and other precious stones"
"کاخ را با یاس، عقیق و دیگر سنگ های قیمتی بچینید "
"In the middle of the palace you shall build me a large hall with a dome"
"در وسط قصر برای من تالار بزرگی با گنبدی بسازی "
"the four walls of the hall will be of masses of gold and silver"
"چهار دیوار سالن از توده های طلا و نقره خواهد بود "
"and each wall will have six windows"
"و هر دیوار شش پنجره خواهد داشت "
"and the lattices of the windows will be set with precious jewels"
»و مشبک‌های پنجره‌ها با جواهرات گرانبها تزیین می‌شود «
"but there must be one window that is not decorated"
"اما باید یک پنجره وجود داشته باشد که تزئین نشده باشد "
"go see that it gets done!"
"برو ببین درست میشه "!
The palace was finished by the next day
کاخ تا روز بعد تمام شد
the genie carried him to the new palace

جن او را به قصر جدید برد
and he showed him how all his orders had been faithfully carried out
و به او نشان داد که چگونه تمام دستوراتش صادقانه اجرا شده است
even a velvet carpet had been laid from Aladdin's palace to the Sultan's
حتی یک فرش مخملی از قصر علاءالدین تا سلطان فرش شده بود
Aladdin's mother then dressed herself carefully
سپس مادر علاءالدین با دقت لباس پوشید
and she walked to the palace with her servants
و او با خادمان خود به سمت قصر رفت
and Aladdin followed her on horseback
و علاءالدین سوار بر اسب او را تعقیب کردند
The Sultan sent musicians with trumpets and cymbals to meet them
سلطان نوازندگانی را با شیپور و سنج به دیدار آنها فرستاد
so the air resounded with music and cheers
بنابراین هوا با موسیقی و تشویق طنین انداز شد
She was taken to the Princess, who saluted her
او را نزد شاهزاده خانم بردند و او به او سلام کرد
and she treated her with great honour
و با او با افتخار رفتار کرد
At night the Princess said good-bye to her father
شب پرنسس با پدرش خداحافظی کرد
and she set out on the carpet for Aladdin's palace
و روی فرش به سمت قصر علاءالدین حرکت کرد
his mother was at her side
مادرش کنارش بود
and they were followed by their entourage of servants
و خادمان همراه خود به دنبال آنها رفتند
She was charmed at the sight of Aladdin
او با دیدن علاءالدین مجذوب شد
and Aladdin ran to receive her into the palace
و علاءالدین برای پذیرایی از او به قصر دوید
"Princess," he said, "blame your beauty for my boldness"
او گفت":شاهزاده خانم، زیبایی خود را به خاطر جسارت من مقصر

بدانید "

"I hope I have not displeased you"

"امیدوارم شما را ناراضی نکرده باشم "

she said she willingly obeyed her father in this matter

او گفت که با کمال میل از پدرش در این مورد اطاعت کرده است

because she had seen that he is handsome

چون دیده بود که او خوش تیپ است

After the wedding had taken place Aladdin led her into the hall

بعد از برگزاری عروسی علاءالدین او را به داخل سالن برد

a great feast was spread out in the hall

جشن بزرگی در سالن برپا شد

and she supped with him

و او با او شام خورد

after eating they danced till midnight

بعد از خوردن غذا تا نیمه شب رقصیدند

The next day Aladdin invited the Sultan to see the palace

روز بعد علاءالدین سلطان را به دیدن قصر دعوت کرد

they entered the hall with the four-and-twenty windows

وارد سالن با چهار و بیست پنجره شدند

the windows were decorated with rubies, diamonds, and emeralds

پنجره ها با یاقوت، الماس و زمرد تزئین شده بود

he cried, "The palace is one of the wonders of the world!"

فریاد زد :قصر یکی از عجایب دنیاست !

"There is only one thing that surprises me"

"تنها یک چیز وجود دارد که مرا شگفت زده می کند "

"Was it by accident that one window was left unfinished?"

"آیا تصادفی بود که یک پنجره ناتمام ماند؟ "

"No, sir, it was done so by design," replied Aladdin

علاءالدین پاسخ داد" :نه، قربان، این کار با طراحی انجام شد ".

"I wished your Majesty to have the glory of finishing this palace"

"آرزو کردم که اعلیحضرت افتخار به پایان رساندن این کاخ را داشته باشند"

The Sultan was pleased to be given this honour

سلطان از اعطای این افتخار خشنود شد
and he sent for the best jewellers in the city
و بهترین جواهرسازان شهر را فرستاد
He showed them the unfinished window
پنجره ناتمام را به آنها نشان داد
and he bade them to decorate the window like the others
و به آنها دستور داد که پنجره را مانند دیگران تزئین کنند
"Sir," replied their spokesman
سخنگوی آنها پاسخ داد: آقا
"we cannot find enough jewels"
"ما نمی توانیم به اندازه کافی جواهرات پیدا کنیم"
so the Sultan had his own jewels fetched
پس سلطان جواهرات خود را آورد
but those jewels were soon used up too
اما آن جواهرات نیز به زودی تمام شد
even after a month's time the work was not half done
حتی بعد از گذشت یک ماه کار به نیمه نرسید
Aladdin knew that their task was impossible
علاءالدین می دانست که وظیفه آنها غیرممکن است
he bade them to undo their work
او به آنها دستور داد که کار خود را لغو کنند
and he bade them to carry the jewels back
و به آنها دستور داد که جواهرات را برگردانند
the genie finished the window at his command
جن به دستور او پنجره را تمام کرد
The Sultan was surprised to receive his jewels again
سلطان از دریافت دوباره جواهرات خود شگفت زده شد
he visited Aladdin, who showed him the finished window
او علاءالدین را ملاقات کرد و او پنجره تمام شده را به او نشان داد
and the Sultan embraced his son in law
و سلطان دامادش را در آغوش گرفت
meanwhile, the envious Vizier suspected the work of enchantment
در همین حال، وزیر حسود به کار طلسم شک کرد
Aladdin had won the hearts of the people by his gentle manner

علاءالدین با رفتار لطیف خود دل مردم را به دست آورده بود
He was made captain of the Sultan's armies
او کاپیتان لشکر سلطان شد
and he won several battles for his army
و چندین نبرد برای ارتش خود پیروز شد
but he remained as modest and courteous as before
اما مثل قبل متواضع و مودب باقی ماند
in this way he lived in peace and content for several years
به این ترتیب چندین سال در آرامش و رضایت زندگی کرد
But far away in Africa the magician remembered Aladdin
اما جادوگر خیلی دور در آفریقا به یاد علاءالدین افتاد
and by his magic arts he discovered Aladdin hadn't perished in the cave
و با هنرهای جادویی خود دریافت که علاءالدین در غار از بین نرفته بود
but instead of perishing, he had escaped and married the princess
اما به جای هلاکت، فرار کرده بود و با شاهزاده خانم ازدواج کرده بود
and now he was living in great honour and wealth
و اکنون در شرف و ثروت فراوان زندگی می کرد
He knew that the poor tailor's son could only have accomplished this by means of the magic lamp
او می دانست که پسر خیاط بیچاره فقط با چراغ جادو می تواند این کار را انجام دهد.
and he travelled night and day until he reached the city
و شب و روز سفر کرد تا به شهر رسید
he was bent on making sure of Aladdin's ruin
او در صدد بود از خراب شدن علاءالدین مطمئن شود
As he passed through the town he heard people talking
وقتی از شهر می گذشت، صدای مردم را شنید
all they could talk about was the marvellous palace
تنها چیزی که آنها می توانستند در مورد آن صحبت کنند، قصر شگفت انگیز بود

"Forgive my ignorance," he asked
پرسید: نادانی مرا ببخش
"what is this palace you speak of?"

"این قصر چیست که شما از آن صحبت می کنید؟ "
"Have you not heard of Prince Aladdin's palace?" was the reply
آیا در مورد کاخ شاهزاده علاءالدین چیزی نشنیده اید؟ پاسخ بود
"the palace is one of the greatest wonders of the world"
"کاخ یکی از بزرگترین عجایب جهان است "
"I will direct you to the palace, if you would like to see it"
"اگر دوست داری ببینی تو را به قصر راهنمایی می کنم "
The magician thanked him for bringing him to the palace
جادوگر از او تشکر کرد که او را به قصر آورد
and having seen the palace, he knew that it had been built by the Genie of the Lamp
و با دیدن قصر، دانست که آن را جن چراغ ساخته است
this made him half mad with rage
این او را از عصبانیت نیمه دیوانه کرد
He was determined to get hold of the magic lamp
او مصمم بود که چراغ جادو را در دست بگیرد
and he was going to plunge Aladdin into the deepest poverty again
و او می خواست علاءالدین را دوباره در عمیق ترین فقر فرو ببرد
Unluckily, Aladdin had gone on a hunting trip for eight days
از بخت بد علاءالدین هشت روزه به شکار رفته بود
this gave the magician plenty of time
این به شعبده باز زمان زیادی داد
He bought a dozen copper lamps
او یک دوجین لامپ مسی خرید
and he put the copper lamps into a basket
و چراغ های مسی را در سبدی گذاشت
and then he went to the palace
و سپس به قصر رفت
"New lamps for old lamps!" he exclaimed
"لامپ های جدید برای لامپ های قدیمی "!او فریاد زد
and he was followed by a jeering crowd
و او توسط جمعیت تمسخر کننده دنبال شد
The Princess was sitting in the hall of four-and-twenty windows

شاهزاده خانم در سالن چهار و بیست پنجره نشسته بود
she sent a servant to find out what the noise was about
او خدمتکاری را فرستاد تا بفهمد سر و صدا از چه قرار است
the servant came back laughing so much that the Princess scolded her
خدمتکار آنقدر با خنده برگشت که شاهزاده خانم او را سرزنش کرد
"Madam," replied the servant
خدمتکار پاسخ داد: خانم
"who can help but laughing when you see such a thing?"
" چه کسی می تواند کمک کند جز خنده با دیدن چنین چیزی؟ "
"an old fool is offering to exchange fine new lamps for old lamps"
"یک احمق پیر پیشنهاد می کند لامپ های خوب جدید را با لامپ های قدیمی عوض کند "
Another servant, hearing this, spoke up
خدمتکار دیگری با شنیدن این سخن، سخن گفت
"There is an old lamp on the cornice which he can have"
" روی قرنیز یک چراغ قدیمی وجود دارد که او می تواند داشته باشد "
this, of course, was the magic lamp
این، البته، چراغ جادو بود
Aladdin had left the magic lamp there, as he could not take it with him
علاءالدین چراغ جادو را آنجا گذاشته بود، زیرا نمی توانست آن را با خود ببرد
The Princess didn't know know the lamp's value
شاهزاده خانم ارزش لامپ را نمی دانست
laughingly, she bade the servant to exchange the magic lamp
با خنده به خدمتکار دستور داد که چراغ جادو را عوض کند
the servant took the lamp to the magician
خدمتکار چراغ را نزد شعبده باز برد
"Give me a new lamp for this lamp," she said
او گفت: برای این لامپ یک چراغ جدید به من بدهید
He snatched the lamp and bade the servant to pick another lamp
چراغ را قاپید و به خدمتکار دستور داد که چراغ دیگری انتخاب کند
and the entire crowd jeered at the sight

و تمام جمعیت از این منظره مسخره کردند

but the magician cared little for the crowd

اما شعبده باز اهمیت چندانی برای جمعیت نداشت

he left the crowd with the magic lamp he had set out to get

او جمعیت را با چراغ جادویی که برای بدست آوردنش قصد داشت ترک کرد

and he went out of the city gates to a lonely place

و از دروازه‌های شهر به مکانی خلوت رفت

there he remained till nightfall

او تا شب آنجا ماند

and at nightfall he pulled out the magic lamp and rubbed it

و هنگام شب چراغ جادو را بیرون آورد و مالید

The genie appeared to the magician

جن به جادوگر ظاهر شد

and the magician made his command to the genie

و جادوگر فرمان خود را به جن داد

"carry me, the princess, and the palace to a lonely place in Africa"

"من، شاهزاده خانم و قصر را به مکانی خلوت در آفریقا ببرید"

Next morning the Sultan looked out of the window toward Aladdin's palace

صبح روز بعد سلطان از پنجره به سمت قصر علاءالدین نگاه کرد

and he rubbed his eyes when he saw the palace was gone

و وقتی دید قصر از بین رفته است چشمانش را مالید

He sent for the Vizier and asked what had become of the palace

به دنبال وزیر فرستاد و پرسید قصر چه شده است؟

The Vizier looked out too, and was lost in astonishment

وزیر نیز به بیرون نگاه کرد و در حیرت گم شد

He again put the events down to enchantment

او دوباره وقایع را به سحر انداخت

and this time the Sultan believed him

و این بار سلطان او را باور کرد

he sent thirty men on horseback to fetch Aladdin in chains

سی مرد سوار بر اسب فرستاد تا علاءالدین را در زنجیر بیاورند

They met him riding home

آنها او را در حال سوار شدن به خانه ملاقات کردند
they bound him and forced him to go with them on foot
او را بستند و مجبور کردند که پیاده با آنها برود
The people, however, who loved him, followed them to the palace
اما مردمی که او را دوست داشتند به دنبال آنها تا کاخ رفتند
they would make sure that he came to no harm
آنها مطمئن می شوند که او هیچ آسیبی ندارد
He was carried before the Sultan
او را نزد سلطان بردند
and the Sultan ordered the executioner to cut off his head
و سلطان دستور داد جلاد سر او را ببرد
The executioner made Aladdin kneel down before a block of wood
جلاد علاءالدین را در مقابل چوبی زانو زد
he bandaged his eyes so that he could not see
چشمانش را پانسمان کرد تا نبیند
and he raised his scimitar to strike
و دمکش را برای ضربه زدن بالا آورد
At that instant the Vizier saw the crowd had forced their way into the courtyard
در آن لحظه وزیر دید که جمعیت به زور وارد حیاط شده اند
they were scaling the walls to rescue Aladdin
آنها برای نجات علاءالدین از دیوارها بالا می رفتند
so he called to the executioner to halt
پس جلاد را صدا زد که متوقف شود
The people, indeed, looked so threatening that the Sultan gave way
در واقع مردم چنان تهدیدآمیز به نظر می رسیدند که سلطان تسلیم شد
and he ordered Aladdin to be unbound
و دستور داد علاءالدین را باز کنند
he pardoned him in the sight of the crowd
در مقابل جمعیت او را عفو کرد
Aladdin now begged to know what he had done
علاءالدین التماس کرد که بداند چه کرده است
"False wretch!" said the Sultan, "come thither"
"بدبخت دروغگو "!سلطان گفت بیا آنجا

he showed him from the window the place where his palace had stood

او از پنجره جایی را که قصرش در آن قرار داشت به او نشان داد

Aladdin was so amazed that he could not say a word

علاءالدین چنان متحیر شده بود که نمی توانست کلمه ای بگوید

"Where are my palace and my daughter?" demanded the Sultan

"قصر من و دخترم کجا هستند؟ "از سلطان خواست

"For the palace I am not so deeply concerned"

"برای کاخ من خیلی نگران نیستم "

"but my daughter I must have"

"اما من باید دخترم را داشته باشم "

"and you must find her, or lose your head"

"و باید او را پیدا کنی یا سرت را گم کنی "

Aladdin begged to be granted forty days in which to find her

علاءالدین التماس کرد که چهل روز فرصت پیدا کند

he promised that if he failed he would return

او قول داد که اگر شکست بخورد باز خواهد گشت

and on his return he would suffer death at the Sultan's pleasure

و در بازگشت به خشنودی سلطان دچار مرگ شد

His prayer was granted by the Sultan

دعای او توسط سلطان مستجاب شد

and he went forth sadly from the Sultan's presence

و غمگین از حضور سلطان بیرون رفت

For three days he wandered about like a madman

سه روز مثل یک دیوانه سرگردان بود

he asked everyone what had become of his palace

از همه پرسید کاخ او چه شده است؟

but they only laughed and pitied him

اما آنها فقط می خندیدند و برای او ترحم می کردند

He came to the banks of a river

او به کناره یک رودخانه آمد

he knelt down to say his prayers before throwing himself in

قبل از اینکه خودش را به داخل بیاندازد زانو زد تا نمازش را بخواند

In so doing he rubbed the magic ring he still wore

با این کار او انگشتر جادویی را که هنوز به دست داشت مالید
The genie he had seen in the cave appeared
جنی که در غار دیده بود ظاهر شد
and he asked him what his will was
و از او پرسید وصیتش چیست؟
"Save my life, genie," said Aladdin
علاءالدین گفت: جان من را نجات بده جن
"bring my palace back"
"کاخ مرا برگردان "
"That is not in my power," said the genie
جن گفت: این در اختیار من نیست
"I am only the Slave of the Ring"
"من فقط برده حلقه هستم "
"you must ask him for the magic lamp"
"شما باید چراغ جادو را از او بخواهید "
"that might be true," said Aladdin
علاءالدین گفت» :این ممکن است درست باشد
"but thou canst take me to the palace"
"اما تو می توانی مرا به قصر ببری "
"set me down under my dear wife's window"
"مرا زیر پنجره همسر عزیزم بگذار "
He at once found himself in Africa
او بلافاصله خود را در آفریقا یافت
he was under the window of the Princess
او زیر پنجره شاهزاده خانم بود
and he fell asleep out of sheer weariness
و از شدت خستگی به خواب رفت
He was awakened by the singing of the birds
با آواز پرندگان از خواب بیدار شد
and his heart was lighter than it was before
و قلبش از قبل سبک تر بود
He saw that all his misfortunes were due to the loss of the magic lamp
دید که تمام بدبختی هایش به خاطر گم شدن چراغ جادو است
and he vainly wondered who had robbed him of his magic lamp

و او بیهوده تعجب کرد که چه کسی چراغ جادویش را از او ربوده است
That morning the Princess rose earlier than she normally
آن روز صبح پرنسس زودتر از حد معمول برخاست
once a day she was forced to endure the magicians company
روزی یک بار مجبور می شد شرکت جادوگران را تحمل کند
She, however, treated him very harshly
با این حال، او با او بسیار سخت رفتار کرد
so he dared not live with her in the palace
بنابراین جرات نکرد با او در قصر زندگی کند
As she was dressing, one of her women looked out and saw Aladdin
در حالی که لباس می پوشید، یکی از زنانش به بیرون نگاه کرد و علاءالدین را دید
The Princess ran and opened the window
پرنسس دوید و پنجره را باز کرد
at the noise she made Aladdin looked up
با سروصدایی که باعث شد علاءالدین را به بالا نگاه کند
She called to him to come to her
او را صدا زد تا نزد او بیاید
it was a great joy for the lovers to see each other again
دیدن دوباره همدیگر برای عاشقان بسیار خوشحال کننده بود
After he had kissed her Aladdin said:
علاءالدین بعد از اینکه او را بوسید گفت :
"I beg of you, Princess, in God's name"
"من از شما خواهش می کنم، شاهزاده خانم، به نام خدا "
"before we speak of anything else"
"قبل از اینکه در مورد چیز دیگری صحبت کنیم "
"for your own sake and mine"
"به خاطر خودت و من "
"tell me what has become of the old lamp"
"به من بگو چه بلایی سر چراغ قدیمی آمده است "
"I left the lamp on the cornice in the hall of four-and-twenty windows"
"چراغ را گذاشتم روی قرنیز سالن چهار و بیست پنجره "
"Alas!" she said, "I am the innocent cause of our sorrows"
"افسوس "!او گفت :من عامل بی گناه غم و اندوه ما هستم .

and she told him of the exchange of the magic lamp

و او از تعویض چراغ جادو به او گفت

"Now I know," cried Aladdin

علاءالدین فریاد زد :حالا می دانم

"we have to thank the magician for this!"

"ما باید از جادوگر برای این تشکر کنیم "!

"Where is the magic lamp?"

" چراغ جادو کجاست؟ "

"He carries the lamp about with him," said the Princess

شاهزاده خانم گفت" :او چراغ را با خود حمل می کند ".

"I know he carries the lamp with him"

" می دانم که او چراغ را با خود حمل می کند "

"because he pulled the lamp out of his breast pocket to show me"

" چون چراغ را از جیب سینه اش بیرون آورد تا به من نشان دهد "

"and he wishes me to break my faith with you and marry him"

«و او می خواهد که من ایمانم را با تو بشکنم و با او ازدواج کنم ».

"and he said you were beheaded by my father's command"

«و گفت به فرمان پدرم سر بریده‌ای ».

"He is always speaking ill of you"

" او همیشه از شما بد می گوید "

"but I only reply with my tears"

" اما من فقط با اشکهایم پاسخ می دهم "

"If I can persist, I doubt not"

" اگر بتوانم پافشاری کنم، شک ندارم "

"but he will use violence"

" اما او از خشونت استفاده خواهد کرد "

Aladdin comforted his wife

علاءالدین به همسرش دلداری داد

and he left her for a while

و او را برای مدتی ترک کرد

He changed clothes with the first person he met in town

او با اولین کسی که در شهر ملاقات کرد لباس عوض کرد

and having bought a certain powder, he returned to the Princess

و با خرید یک پودر معین، نزد شاهزاده خانم بازگشت

the Princess let him in by a little side door
شاهزاده خانم به او اجازه داد از در کناری کوچکی وارد شود
"Put on your most beautiful dress," he said to her
به او گفت: زیباترین لباست را بپوش
"receive the magician with smiles today"
"امروز شعبده باز را با لبخند بپذیرید "
"lead him to believe that you have forgotten me"
"او را به این باور برسانید که مرا فراموش کرده اید "
"Invite him to sup with you"
"او را دعوت کنید تا با شما شام بخورد "
"and tell him you wish to taste the wine of his country"
"و به او بگویید که می خواهید شراب کشورش را بچشید "
"He will be gone for some time"
"او برای مدتی نخواهد رفت "
"while he is gone I will tell you what to do"
"تا زمانی که او نیست، به شما خواهم گفت که چه کاری انجام دهید "
She listened carefully to Aladdin
او با دقت به سخنان علاءالدین گوش داد
and when he left she arrayed herself beautifully
و هنگامی که او رفت او خودش را به زیبایی آرایش کرد
she hadn't dressed like this since she had left her city
از زمانی که شهرش را ترک کرده بود اینطور لباس نپوشیده بود
She put on a girdle and head-dress of diamonds
او کمربند و سرپوشی از الماس به تن کرد
she was more beautiful than ever
او زیباتر از همیشه بود
and she received the magician with a smile
و شعبده باز را با لبخند پذیرفت
"I have made up my mind that Aladdin is dead"
"من تصمیم گرفته ام که علاءالدین مرده است "
"my tears will not bring him back to me"
"اشک های من او را به من برنمی گردانند "
"so I am resolved to mourn no more"
"بنابراین من مصمم هستم که دیگر عزاداری نکنم "
"therefore I invite you to sup with me"
"بنابراین من شما را به شام با من دعوت می کنم "

"but I am tired of the wines we have"

"اما من از شراب هایی که داریم خسته شده ام "

"I would like to taste the wines of Africa"

"من دوست دارم شراب های آفریقا را بچشم "

The magician ran to his cellar

شعبده باز به سمت سرداب خود دوید

and the Princess put the powder Aladdin had given her in her cup

و پرنسس پودری را که علاءالدین به او داده بود در فنجانش گذاشت

When he returned she asked him to drink to her health

وقتی برگشت، از او خواست برای سلامتی اش آب بنوشد

and she handed him her cup in exchange for his

و او فنجان خود را در ازای فنجان به او داد

this was done as a sign to show she was reconciled to him

این به عنوان نشانه ای برای نشان دادن آشتی او با او انجام شد

Before drinking the magician made her a speech

قبل از نوشیدن، شعبده باز برای او سخنرانی کرد

he wanted to praise her beauty

او می خواست زیبایی او را ستایش کند

but the Princess cut him short

اما شاهزاده خانم او را کوتاه کرد

"Let us drink first"

"اول بنوشیم "

"and you shall say what you will afterwards"

«و آنچه را که پس از آن می خواهید بگویید »

She set her cup to her lips and kept it there

فنجانش را روی لبهایش گذاشت و همانجا نگه داشت

the magician drained his cup to the dregs

جادوگر فنجانش را به زهکشی ریخت

and upon finishing his drink he fell back lifeless

و پس از اتمام نوشیدنی خود بی جان برگشت

The Princess then opened the door to Aladdin

سپس شاهزاده خانم در را به روی علاءالدین باز کرد

and she flung her arms round his neck

و دستانش را دور گردنش انداخت

but Aladdin asked her to leave him

اما علاءالدین از او خواست که او را ترک کند

there was still more to be done

هنوز کارهای بیشتری برای انجام وجود داشت

He then went to the dead magician

سپس نزد شعبده باز مرده رفت

and he took the lamp out of his vest

و چراغ را از جلیقه اش بیرون آورد

he bade the genie to carry the palace back

او به جن دستور داد که قصر را برگرداند

the Princess in her chamber only felt two little shocks

شاهزاده خانم در اتاقش فقط دو تکان کوچک احساس کرد

in little time she was at home again

بعد از مدت کوتاهی او دوباره در خانه بود

The Sultan was sitting on his balcony

سلطان در بالکن خود نشسته بود

he was mourning for his lost daughter

برای دختر از دست رفته اش عزادار بود

he looked up and had to rub his eyes again

او به بالا نگاه کرد و مجبور شد دوباره چشمانش را بمالد

the palace stood there as it had before

کاخ مانند قبل در آنجا ایستاده بود

He hastened over to the palace to see his daughter

با عجله به سمت قصر رفت تا دخترش را ببیند

Aladdin received him in the hall of the palace

علاءالدین او را در تالار قصر پذیرایی کرد

and the princess was at his side

و شاهزاده خانم در کنار او بود

Aladdin told him what had happened

علاءالدین به او گفت چه اتفاقی افتاده است

and he showed him the dead body of the magician

و جسد جادوگر را به او نشان داد

so that the Sultan would believe him

تا سلطان او را باور کند

A ten days' feast was proclaimed

جشن ده روزه اعلام شد

and it seemed as if Aladdin might now live the rest of his

life in peace
و به نظر می رسید که علاءالدین اکنون ممکن است بقیه عمر خود را در آرامش زندگی کند
but his life was not to be as peaceful as he had hoped
اما قرار نبود زندگی او آنطور که آرزو می کرد آرام باشد
The African magician had a younger brother
شعبده باز آفریقایی یک برادر کوچکتر داشت
he was maybe even more wicked and cunning than his brother
شاید از برادرش هم بدتر و حیله گرتر بود
He travelled to Aladdin to avenge his brother's death
او برای انتقام مرگ برادرش به علاءالدین سفر کرد
he went to visit a pious woman called Fatima
به عیادت زنی با تقوا به نام فاطمه رفت
he thought she might be of use to him
او فکر کرد که او ممکن است برای او مفید باشد
He entered her cell and put a dagger to her breast
وارد سلولش شد و خنجر به سینه اش گذاشت
then he told her to rise and do his bidding
سپس به او گفت که برخیز و دستور خود را انجام دهد
and if she didn't he said he would kill her
و اگر او نمی گفت او را می کشد
He changed his clothes with her
لباسش را با او عوض کرد
and he coloured his face like hers
و صورتش را مانند صورت او رنگ کرد
he put on her veil so that he looked just like her
نقاب او را به تن کرد تا شبیه او شود
and finally he murdered her despite her compliance
و در نهایت او را با وجود تمکین او به قتل رساند
so that she could tell no tales
به طوری که او نمی تواند قصه بگوید
Then he went towards the palace of Aladdin
سپس به سمت قصر علاءالدین رفت
all the people thought he was the holy woman
همه مردم فکر می کردند که او همان زن مقدس است

they gathered round him to kiss his hands

دور او جمع شدند تا دستانش را ببوسند

and they begged for his blessing

و برای نعمتش التماس کردند

When he got to the palace there was a great commotion around him

وقتی به قصر رسید، غوغایی شدیدی در اطرافش ایجاد شد

the princess wanted to know what all the noise was about

شاهزاده خانم می خواست بداند این همه سروصدا برای چیست

so she bade her servant to look out of the window

پس از خدمتکارش خواست که از پنجره به بیرون نگاه کند

and her servant asked what the noise was all about

و خدمتکارش پرسید که این سر و صدا چیست؟

she found out it was the holy woman causing the commotion

او متوجه شد که این زن مقدس باعث غوغا می شود

she was curing people of their ailments by touching them

او با دست زدن به مردم بیماری هایشان را درمان می کرد

the Princess had long desired to see Fatima

شاهزاده خانم مدتها بود که آرزو داشت فاطمه را ببیند

so she got her servant to ask her into the palace

پس از خدمتکارش خواست تا او را به قصر بخواهد

and the false Fatima accepted the offer into the palace

و فاطمه دروغین پیشنهاد ورود به قصر را پذیرفت

the magician offered up a prayer for her health and prosperity

جادوگر برای سلامتی و سعادت او دعا کرد

the Princess made him sit by her

پرنسس او را وادار کرد کنار خود بنشیند

and she begged him to stay with her

و از او التماس کرد که پیش او بماند

The false Fatima wished for nothing better

فاطمه دروغین آرزوی بهتری نداشت

and she consented to the princess' wish

و او به خواسته شاهزاده خانم رضایت داد

but he kept his veil down

اما حجابش را پایین نگه داشت

because he knew that he would be discovered otherwise

زیرا می دانست که در غیر این صورت او را کشف می کنند

The Princess showed him the hall

شاهزاده خانم سالن را به او نشان داد

and she asked him what he thought of the hall

و از او پرسید که نظرش در مورد سالن چیست

"It is a truly beautiful hall," said the false Fatima

فاطمه دروغین گفت» :این سالن واقعاً زیبایی است

"but in my mind your palace still wants one thing"

"اما در ذهن من قصر شما هنوز یک چیز می خواهد "

"And what is it that my palace is missing?" asked the Princess

"و چه چیزی است که قصر من گم شده است؟ "پرنسس پرسید

"If only a Roc's egg were hung up from the middle of this dome"

"اگر فقط یک تخم راک از وسط این گنبد آویزان شود "

"then your palace would be the wonder of the world," he said

او گفت" :در آن صورت قصر شما عجایب جهان خواهد بود ".

After this the Princess could think of nothing but the Roc's egg

پس از این، شاهزاده خانم نتوانست به چیزی جز تخم مرغ راک فکر کند

when Aladdin returned from hunting he found her in a very ill humour

وقتی علاءالدین از شکار برگشت، او را در یک شوخی بسیار بد یافت

He begged to know what was amiss

التماس کرد که بداند چه مشکلی دارد

and she told him what had spoiled her pleasure

و به او گفت که چه چیزی لذت او را خراب کرده بود

"I'm made miserable for the want of a Roc's egg"

"من بدبخت شدم به خاطر کمبود تخم راک "

"If that is all you want you shall soon be happy," replied Aladdin

علاءالدین پاسخ داد :اگر این تمام چیزی است که می خواهید، به زودی خوشحال خواهید شد

he left her and rubbed the lamp

او را ترک کرد و لامپ را مالید

when the genie appeared he commanded him to bring a

Roc's egg

وقتی جن ظاهر شد به او دستور داد تا یک تخم راک بیاورد

The genie gave such a loud and terrible shriek that the hall shook

جن چنان فریاد بلند و وحشتناکی کشید که سالن به لرزه افتاد

"Wretch!" he cried, "is it not enough that I have done everything for you?"

"بیچاره "!او گریه کرد" :آیا این کافی نیست که من همه کارها را برای تو انجام داده ام؟ "

"but now you command me to bring my master"

اما اکنون به من امر می‌کنی که اربابم را بیاورم .

"and you want me to hang him up in the midst of this dome"

"و تو می خواهی که او را در میان این گنبد آویزان کنم "

"You and your wife and your palace deserve to be burnt to ashes"

"شما و همسرتان و قصرتان مستحق سوختن به خاکستر هستید "

"but this request does not come from you"

"اما این درخواست از شما نمی آید"

"the demand comes from the brother of the magician"

"تقاضا از طرف برادر شعبده باز است"

"the magician whom you have destroyed"

"جادوگری که او را نابود کردی"

"He is now in your palace disguised as the holy woman"

"او اکنون در قصر شما است که به عنوان زن مقدس مبدل شده است ".

"the real holy woman he has already murdered"

"زن مقدس واقعی که او قبلاً به قتل رسانده است "

"it was him who put that wish into your wife's head"

"این او بود که این آرزو را در سر همسرت گذاشت "

"Take care of yourself, for he means to kill you"

"مواظب خودت باش، زیرا او قصد کشتن تو را دارد "

upon saying this, the genie disappeared

با گفتن این حرف، جن ناپدید شد

Aladdin went back to the Princess

علاءالدین نزد شاهزاده خانم برگشت

he told her that his head ached

به او گفت که سرش درد می کند

so she requested the holy Fatima to be fetched

پس از او خواست تا حضرت فاطمه را بیاورند
she could lay her hands on his head
می توانست دست هایش را روی سرش بگذارد
and his headache would be cured by her powers
و سردرد او با قدرت او درمان می شود
when the magician came near Aladdin seized his dagger
وقتی جادوگر نزدیک علاءالدین آمد، خنجر او را گرفت
and he pierced him in the heart
و او را در قلب او سوراخ کرد
"What have you done?" cried the Princess
"چیکار کردی؟" "پرنسس گریه کرد
"You have killed the holy woman!"
شما آن زن مقدس را کشتید !
"It is not so," replied Aladdin
علاءالدین پاسخ داد: اینطور نیست
"I have killed a wicked magician"
"من یک جادوگر بدجنس را کشتم "
and he told her of how she had been deceived
و به او گفت که چگونه فریب خورده است
After this Aladdin and his wife lived in peace
پس از آن علاءالدین و همسرش در آرامش زندگی کردند
He succeeded the Sultan when he died
او پس از مرگ سلطان جانشین او شد
he reigned over the kingdom for many years
او سالها بر پادشاهی سلطنت کرد
and he left behind him a long lineage of kings
و دودمان طولانی از پادشاهان را پشت سر گذاشت

The End
پایان

www.tranzlaty.com

www.ingramcontent.com/pod-product-compliance
Lightning Source LLC
Chambersburg PA
CBHW012011090526
44590CB00026B/3965
* 9 7 8 1 8 3 5 6 6 9 2 9 7 *